AF236662

Arnold Wohler

Die Erde bin ich

Gedichte

Gedichte von Arnold Wohler

Die Erde bin ich

Gedichte von Arnold Wohler

Bibliografische Informationen der Deutschen Nationalbibliothek: Die Deutsche Nationalbibliothek verzeichnet diese Publikation in der Deutschen Nationalbibliografie; detaillierte bibliografische Daten sind im Internet über dnb.dnb.de abrufbar.

©2022 Arnold Wohler
Herstellung und Verlag: BoD – Books on Demand, Norderstedt

IBAN: 978-3-7557-9309-0

Inhalt

Gedichte von Arnold Wohler

Die Erde bin ich

Gedichte von Arnold Wohler

Heimkehr

1.
Zwei Seelen vereint,
die Geister, sie schwirren,
das Glück zu verwirren
und ein Herz erbricht,
im Liebesschmerz stirbt es!

Welten, sie trennen,
die lieben seit Jugend an,
wer will sie vereinen,
dass Freude sie
wieder erfüllen?

Zwei Seelen vereint,
die Geister, sie schwirren,
unser Glück zu verwirren
und mein Herz erbricht -
und Ihres:
im Liebesschmerz stirbt es!

2.
Ich habe eine Insel erschaffen,
eine Welt, ein Paradies,
doch nur in manchen Stunden
gewährt sie mir Einlass.

Ich bin kein Herrscher ihrer,
muss geduldig
auf Gedanken warten!

Doch brechen sich die Wolken
und das Licht der Wahrheit
strömt zu mir herüber,
öffnet sich das große Tor

Und für ein paar Stunden
darf ich Gast sein!

3.
Sei mein Lehrer
ohne Unterlass,
mein Irren
ohne Hast!

Sei mein Tröster,
mein Erlöser,
das Glück
und meine Pein!

Sei mein Blühen
und mein Welken,
die Sonne
für mein Dasein!

Sei das Grün
der Blätter!

Und sei das Gift,
das in mir ist
und mich erlöst
von deinem Zauber!

4.

Lichterloh die Flammen brennen,
nehmen des Dichters Werk hinweg
und teilen es ins Tausendstel -
ein jeder Gedanke kehrt zurück
und Natur zuckt wie im Schlaf!
Schon sieht man Seen neu erblühen,
Schatten geheimnisvoll sich tummeln,
schon hört man Vögel zwitschern,
wie man's nie geahnt, als erwachte
der Frühling in ihrem Gewand!
Als würde ein Werden neu geboren,
Gedanken durch Formen
zu vollenden,
als wär' das Leben, das Wachsen,
in des Dichters Werk enthalten,
gefangen und nie erlebbar!
Nur für die Natur,
dem Garten,
in dem ein Leben für den Menschen
sich erfüllt.

5.
Es fließt und plätschert
frisch herunter -
keine Frage mehr, kein Wundern!

Alles ist fürwahr wie die Natur
mit Wasserquellen ähnlich,
sie reinste Verse dichtet!

Kristallklar
wie ein Tropfen Tau
in kühler Morgensonne!

Wo nie ein Mensch den Fuß gesetzt,
wo Gedanken ihr noch ferne,
wohin der Traum des Narren
sich nur verlor!

6.
Natur, oh, göttliche Ordnung,
in der alles Leben
seinen Sinn erdichtet,
wo ein Geist
zu höheren Sphären schweift,
als holder Traum sich wiederfindet!

Du gehst fort,
mit dir
all göttliche Ordnung!

Natur,
oh, kleiner Traum
einer Liebe ...

7.
Auf dich, Natur,
blick' ich stets zurück,
denn wie mein Dasein sich wandelt,
so wandelt sich dein Gewand!

Dich, Natur,
hab ich stets im Sinn,
denn wie deine Schönheit erstirbt,
so geht all mein Reichtum verloren!

Auf, dich Natur,
blick' ich stets zurück,
denn wie du gedeihst,
so gedeiht meine Hoffnung!

Drum Natur, ach, sterbe schnell -
und nehme mich
mit dir!

8.
Kleiner Traum auf dem Papier -
ewig lebst du fort!

Zurück bleib' ich
ohne dich
und ein Leben
erfüllt sich aufs Neu!

Kleiner Traum, so fließ' dahin -
dass ich dich sehe,

wie reich an Schönheit,
wie reich an Glanz dich
die Natur begabte!

9.
Oh, Wirklichkeit:
erblindender Spiegel
meiner Seelenwünsche!

Oh, Seelenwunsch:
Gemälde
meiner Hoffnung!

Welt, du kleiner Traum -
wann endlich erwacht
in mir Mensch die Natur?

Ich sehe sie sterben,
alle Hoffnung verblühen;
mein Seelenwunsch
bleibt unerhört!

Ein Lied

Ich gehe durch den Wald
Ich schaue in den Himmel
Ich sehe die Sonne
Ich rieche die Bäume
Ich höre die Vögel
Ich spüre die Wärme
Ich denke an dich ...

Morgentau

Aufgefordert war ich,
meiner Freude Ausdruck zu verleihen,
meinem Herzen die Tore zu öffnen,
wie es jede Kreatur vermag,
es in Gottes Hände zu legen,
der diesen Tag in aller Stille
mit Morgenröte übersäte.

Morgenlieder

1.
Glücklich sein
wollt' ich mit ihr
an ihrer Seite
atmen

berühren
ihre Haut
ihre Stimme
einsaugen

geduldig
lauschen
ihren Worten

schweigen

an ihrer Seite
weinend
verschlafen

2.
Schweigen
musst' ich lernen
lauschen
Vogelgesang

weinen
musst' ich lernen
nachtrauern
Liebe

"... da klingt
aus der Ferne mir
eine Stimme
herüber
und umfasst

mich mit zartem Flügel ..."

und ich hörte
mich singen
sah einen Vogel
fliegen zurück zu ihr.

Plagiat

Im Wald
Hab ich gedichtet
Ein Baum kam mir
zur Hilfe,

stellte sich mir in den Weg
und sagte:
Geh' nur weiter –
Ich schreibe alles
Aufeinmal

Du brauchst es nur noch aufzulesen -
vielleicht
ist ja etwas mit dabei,
von dem du sagen wirst:
Ja, das könnte mich erfreuen!

Und wenn nicht, dann brech'
mir einfach alle Zweige runter
und lass' sie einfach
liegen ...

keiner wird es je bemerken!

Nicht grundlos

Die Eiche
geeicht
auf Wohnzimmerschrank

die Buche
gebucht
Jahre voraus

mit der Fichte
gefochten
ihr Holz
erweicht

die Kastanie
kastriert

die Tanne
geschlagen

da war der Regen sauer ...

Schattenwelten

1.
Mein Körper wandelte
ich schaute ihm zu
sah den Baum sich
um ihn winden

Leise berührte
ein Blatt
die warmen Gedärme
und atmete

Tief
schnitt die Abendluft
die Zunge entzwei
und ich schwieg

Ließ
das Wort
pulsieren
im Herzen

2.
Schön
ist jeder Sommertag
mit dir, Natur, in mir!

Hier
leg ich mich nieder
und beobachte

Mich
wie ich blutenden Hauptes
still liege und sterbe

Sanft
fassen die Wurzeln
allen Grüns nach mir

Welkt
wie ich wieder
erwache ...

Dornröschen

Die siebenblutigen Zwerge
fürchten den Märchendorn
deiner Zweifel

Dornröschen
jeden Zweig
küss ich
jeden Dorn
einzeln

bis mir der letzten Zweifel
mitten ins Herz stichst
und du erwachst
mit einer aufgesprungenen
Rose im Haar

Herbstgebilde

1.
Ganz mit sich selbst beschäftigt
fliegen die Vögel
Herbstformationen:
nichts nehmen sie mit in ihren Urlaub
nach Italien
als ihre Instrumente,
deren Klänge mir jetzt schon fehlen,
wo ich sie über mir nach und nach
verklingen höre ...

2.
Meine kühlen Lippen fallen
das Blut meiner Küsse
tropft
es fegt der Wind
das letzte Blatt vom Ast
der dich trug
den Sommer lang
es trägt die Nacht

und mein Sterben
du
folgst dem Ruf
meiner Erde

3.
Trauerschleier
hält der Wind in den Händen
silberne Seen gefrieren
wo wir badeten
unsere liebenden Körper
weit weg vom Gestein

der Gefühle
webten wir Netze aus Schwüre
jeder wurde gehalten
jede Masche trägt noch
jedes Wort

4.
Die Nüstern der Kühe
laufen schon klirrend
durch die Rinne der Nacht
die silbernen Tränen der Pappel
inmitten aufgewühlter Abendufer

sterben schon
in der fließenden Einsamkeit
des Flusses
ruht deine weiche Hand
der warme Traum,
der bleibt
und meinen harten Atem hält

5.
Verendende Blätter
zieren die Tritte:
schwarze Erinnerungsstücke
verschollener Kinderzeit

müde hat der nasse Wind
die Tage gemacht
mein Blick
hatte sie vergessen

umsonst
ist mein Warten:
der November gießt sich aus

6.
Als meine Lippen
den Biss
in die kalten Schläfen riss
stürzte tötend
die Röte in sie
nun muss ich sie hüten
vor der Einsamkeit
kalter Nächte Küsse
die sich nährt
vom Fleisch meiner Wangen

7.
Wenn das sterbende Moor
stöhnt mit deiner Stimme
weil es den ewigen Sand erblickt
kommen die gierigen Fluten
geschlagen an deinen Schoß
um deine kalte Hüfte
zu umschlingen
auf der noch die Berührungen
der letzten Nacht tasten

8.
Wenn die Nacht den Fluss
streichelt
und deine Hand mir
sanft entgleitet
säh' ich die Tränen in die Wellen

Heimwärts treiben - endlich!
in meinen Armen

trüge ich dich
über die Schwellen
nie mehr
will ich hier sein

ich würde sterben
an deinen Atem,
den die vereinsamten Bäume
noch tragen

Gelungenes Gedicht

Wenn man die Natur
nur ganz genau beschriebe,
und sagen würde, was Erde ist genau,
was Pflanze ist und was Tier
und das Ich –
dann wär' fürwahr
gelungen mein Gedicht!

So aber stammle ich herum
und weiß nicht recht
was echt ist
und was künstlich

Allein, ich muss es einfach
ausprobieren,
welches Wort hier passend ist
und schaff' es diesmal nicht!

Seelenleben

1.
Lustig war dem See zumut',
da fing er an zu tanzen:
der Regen trieb ihn an
mit sanft fallenden Tropfen.
Da war die ganze Oberfläche
bunt bemalt
und heiter zitterte
aufsteigender Nebel.

Da entsprangen Fische
für Augenblicke
übermütig ihrem Element,
da watschelten die Enten an's Land,
dieses Schauspiel sich zu gönnen.

Und langsam erwachte ich
und hörte das sanfte Prasseln,
hier und da ein Plätschern
und aufgeschreckte Enten
flüchteten zum Wasser hin ...

2.
Kristall, erstarrte Zeit,
das Licht erbricht
in tausend Farben -
mein Traum, er kehrt zurück,
mein Leben zu verzaubern!

Ein Augenblick erheischt
die Unendlichkeit

von Raum und Zeit,
um alles Werden zu verblühen

Eine Träne sucht ihren Weg
von Gestern:
warm durchdringt die Sonne
mein Geblüt und ihres.

Da, hör, den Vogel:
ein letztes Mal
will seine Stimme
preisen diese Welt!

Da, hör, ein Mensch
beginnt zu weinen,
weil der Abschied
gar so schwer ist!

Meistersänger

(frei nach Wagner)

Der Zaungast
war König
als er das Rotkehlchen
antraf

Reif
vom Schnabel getropft
bis der Zaunkönig
davonflog

und selbst
die gerötete Kehle
hielt nicht stand
und sang

Sauerampfer

1.
Ich schimpfe mit euch,
Grün,

in der
Halm-
Blatt-
Stielsprache ...

Auf die ewigen Grillen!

2.
Auf die Grillen hören ...

So, als seien
Sie wirklich
Da
Und nicht nur
so,
als seien es nur

Grillen.

Sterne in den Augen

Ich zähle
die Sterne

Irgendwo
da oben
Bist Du
und schaust mir zu

Wie ich beide Augen aufreiße,
um jedes noch so kleine Glitzern
zu registrieren

Denn dieses Glitzern
bist Du,
sind die Sterne
deiner Augen

Vogelsang

1.
Federleicht
fällt mir das Schreiben
wenn ich
an dich denke

nur
die richtigen Worte
zu finden
fällt mir schwer

zu beschreiben
wie leicht
es mir fällt

2.
Dann und wann
vergesse ich darüber
nachzudenken

wie leicht
so eine Feder ist

wenn sie
schreibt ...

3.
Und doch
ist es ganz schön schwer
etwas zu schreiben
das Sinn macht

die Feder
zu beschreiben
wie sie langsam

zu Boden fällt

aber nie
dort ankommt ...

4.
Ich komme jetzt
an

mal sehen,
wie sich das anfühlt
wenn der Vogel
beginnt zu singen!

5.
Der Vogel
hat immer
die richtigen Worte

selbst
wenn man ihn aufscheucht
in sich
und man auffliegt
unvermittelt

ist man verwundert
über das
was man
geschrieben hat -

aber ein Gedicht
ist das auch
nicht.

Gerüchteküche

1.
Ich denke,
dass ich spüre:
ich denke an dich,

indem ich dich sehe
in jedem Baum und Vogel ...

mit Federn flatterst zu auf

und zeigst mir das Klare,
rein
von jedem Hintergedanken

2.
Auch dein Dorf
war schön
auch du hattest
Kinderhände
auch du fingst
Fische im Bach
auch du willst
wieder heim zu ihnen

3.
Aus kleinen Felslöchern tropft
Getaute Einsamkeit:

Das Laub wird wieder sichtbar
Erschöpft
atmet der Augenhimmel
Deine Schneelöckchen
Träumend
unter ihren Klängen
schwimmen Wölkchen
Und Schwalben

4.
Nur durch die Träne
kommst du geschwungen
Dein Schritt
Kennt die Erde
Darum liebe ich dich:
Das Gras,
das du den Kühen gibst,
die Wespe,
vor der ich dich beschütze ...
auch sie sind glücklich,
wenn du sprichst
dein Schwur

5.
Manchmal
Schimmert auf
meinen weißen Schläfen
Die Jugend wieder auf:

Errötend, ein Hauch,
vergraben unter Schnee
von Seufzern

6.
Jeder Ast
fühlte unser Geheimnis:
Blätter benetzten sich
Und Vögel stimmten mit ein
Tränen
eines heulenden Welpen
Es wandelt ein Traum
Und alle Bäume
schweigen
sein verwaistes Fell
Schläft ein
an roten Schläfen
Zart pulsierenden Lebens ...

7.
Im Gedicht
wird selbst das Rehkitz
ganz klein

buchstäblich klein:
jeder Punkt wird
unauffindbar -

selbst
die Kommas fehlen

und nur die Augen sind
noch

auf die Märchen ausgerichtet

Ode an die Freude

Das Wort:
prall gefüllt -
auf den Lippen
der Kuss,
der die Welt verändert.

Die Erde bin ich

1.
Atombombensicher
geschützt
vor Atombomben

das Leben hütet das Grün,
das Blau
der Himmelaugen

Träume:
sie schützten uns
davor

2.
Herzstäbe schmelzen:
das Gedicht
erstrahlt bereits
über sämtliche Fernsehkanäle
und zerfällt
während der Geiger die Takte klopft
wie schon lange nicht mehr ...

3.
Endlich bricht
Die Reaktorhülle
und gibt den Blick
in den Sternenhimmel frei
der alles überstrahlt

erst jetzt kann ich jeden einzelnen
Stern sehen:

die Erde bin ich
unter deinem Himmel nicht
erst
am Ende

Intermezzo

1.
Der Baum
träumt
an der Donau

ganz nah
ist er bei ihr,

flüstert
süße Worte ...

2.
Der Baum erzählt
Ihr von Zweigen
und Blättern

von Vögeln, die
im Frühjahr
Lieder singen

3.
Die Donau
fließt jetzt
vorbei

und bleibt doch
hier
mit ihrem Wasser ...

4.
In der Donau
baden

sie durchschwimmen
wie ein Kind
zur Mutter

zum Vater
unser ...

5.
Am Ufer darf ich sitzen
und aufhorchen

ich darf sie alles fragen

auf alles
antwortet sie

sofort ...

mit kleinen Strudeln im Haar

erzählt sie
alles
auf einmal ...

6.
Atmen
unter Wasser

sich traun,
zu lieben

den Fischen
beim Sterben
zusehen

und hoffen
auf ein Wiedersehen,
wenn dereinst
das Leben durchschwommen ist

7.
Sinn geben
jedem einzelnen
Blatt

Farbe geben

bis zum Ende
Erde essen
und Regenwürmer

satt werden

voller Leben
alle Äste von mir strecken

8.
Wenn der Traum
zu Ende geht

werde ich erwachen

irgendwo
irgendwann
irgendwie

irgendetwas
in mir
lässt mich hoffen

dass das Leben
nie endet
und ich da sein werde
zur rechten Zeit

Verkehrsplanung

1.
Die Dynamisierung der Donauauen
schreitet mit großen Schritten voran:
jeder kleinste Winkel
wird nun platt gemacht

für jeden einzelnen Autofahrer

2.
Dabei sind die Fahrradfahrer
als potentielle Todeskandidaten
nach demokratischen Prinzipien
mit in die Straßenbauplanung
einbezogen

sie haben Bleiberecht auf der Straße,
aber keine
Ausweichmöglichkeiten:

auf Augenhöhe fahren sie nachts vom
Fernlicht geblendet
nach hause ...

3.
Gerne zeigen dann die Autofahrer
wie stark sie sind
wenn ein Fahrradfahrer unvermittelt
auftaucht

weil er dort nichts mehr zu suchen
hat:

nichts erschreckt sie so sehr
wie der Gedanke
für einen Moment
für seinen Todfeind
auf die Bremse treten zu müssen

4.
Manchmal
knallt sein Schädel
ein letztes Mal dumpf
die Straße auf

und eine große Blutlache
breitet sich aus

der Farbe wegen fahren dann alle
etwas langsamer

dieses Opfer jedoch
erbringen sie ihm.

Radtouren

1.
Erst wenn das Gras bis
Zu einer bestimmten Höhe
Angewachsen ist,
kann ich aufatmen
und den Sommer
in vollen Zügen genießen.

Dann kann ich dem Wind
alles wegdichten:

ich atme
ich sehe
ich spüre
jedes Wort ...

In meinem Kopf
Durchfahre ich die Welt
die Luft
das Wasser

die Landschaft
bin ich

2.
Jedes Wort
könnte auch falsch, nicht
am richtigen Ort stehen

dann bekommt
mein Weg wieder Sinn

und Schönheit
und ich kann wieder voll
in die Pedalen treten ...

Den Wind im Rücken
überhole ich spielend
sämtliche Fahrräder
der Welt

Gedichte von Arnold Wohler

Der Fluss
führt Hochwasser
mit ungebändigter Liebe
stürzt er sich
ins Freie ...

Autofahren

1.
Im Auto
nimmt man wie von selbst
die Position ein, die notwendig ist,
dem Anderen voll übers Maul zu fah-
ren
wenn's nötig ist
ihn mit einer kleinen Bewegung sogar
mundtot zu machen

Mit dem richtigen Modell
Gelingt es einem manchmal sogar,
dem Himmel ganz nahe zu kommen

Dann gibt es nichts Schöneres
auf dem Bildschirm mehr
als die vielen Einblutungen
im Netzwerk

2.
mitten auf der Brücke
wo das Grün endet

und der Fluss sich
hindurchquält

endet die Lichtung
für Viele mit einem Schlag

Besitzturm

Mein Regen
Meine Sonne
Meine sternverhangene Nacht
Meine Erde ...

Gehören jetzt mir ganz alleine

Ich muss nicht mehr sterben

Ich muss sie nicht mehr teilen

In Vergangenheit
Und Zukunft

Die Gegenwart alleine
hat mein Bewusstsein wieder

Jetzt
Jetzt

Und jetzt
Und immer wieder: jetzt!

Bis in alle Ewigkeit
glaub' ich

Ja, alles gehört jetzt mir

Ganz alleine
Und keiner mehr
Kann es mir wieder nehmen

Sämtliche Zeitangaben
fallen jetzt
für immer –

die Inschrift
in Stein gemeißelt,
reicht als Nachweis völlig aus

Mozartsonate facile

Lust und Geist:
Du, meine Schönheit!

Unwissenheit und Neugier:
Oh, du meine Wonne!

Jeder Kuss von euch atmet
meine liebe Erde!

Selbstbewunderung

Ohne Wenn und Aber
verbring ich mein Leben:

Das Wunder

Ohne Wenn und Aber –
manchmal

aber auch nicht -
aber selbst dann
Ist es eines ...

Ohne Wenn und Aber

Einbahnstraße

Totenblässe bleckte mit faulen
Zähnen
als der Star den Sperling
grüßte

Versperrend, sperrig – längs
hingelegt
als das Auto drüberfuhr

Schwamm drüber:

Eine Spur Flaum
federte zitternd entlang
und schrieb ein Liebesgedicht

für den Sperling
das keiner recht verstand

Warten an der Ampel

1.
Gar nicht so dumm!
sagte sich das Hirn

und verkalkte

2.
Wir müssen uns schützen:

Vor uns sind Amseln

Sie singen
alles

nieder

3.
Treue Hundeaugen:
blaugeschlagen
taubeschlagen
rau geworden
Liebesschatten wichen

Heule Eule, nachts!
Flatter Fledermaus!
Rausch Baum, rausch!
Liebe du mich

matt!

4.
Atme still und horche!
Klingt nicht dort mein Schweigen?
Bäume rauschen wie im Spiele -
Winde treiben.

Atme –
setze an, zu singen!
Winde treiben …

Im Spiele
lauschen Bäume deiner Stimme.

5.
Hohe Geister wissen meist nicht
wie es wieder
runtergeht

6.
Das Schwarze herauslesen
auf weißem Papier
heißt

dichten …

7.
Die Eule
Bellt,
der Hund
kotzt das Sofa voll ...

Weiter weiß ich nicht –
höchstens:

Und ich mach's
wieder weg!

8.
Publikumsreif
war der Affe am Trapez
als er die Keule
gegen die Schädeldecke

knallte

und abfiel wie ein Mensch

selbst
der Tod
sah in ihm nicht anders aus

9.
Der betende Baum
vor meiner Tür:

Ich weise ihn ab

Er bedankt sich
mit Blüten

10.
Der Spiegel blieb mir treu,
mein dummes Gesicht
blieb mir
voll und ganz

11.
Die Perfektion
des Beiläufigen:
das laufende Beil

12.
Ich hab die Nase gestrichen
Voll:
Ich kann mich kaum noch
konzentrieren!

Pass auf, wenn ich dich sehe
und ich zu hastig atme,
dann es geschehen,
dass du, was in der Nase ist
mit einem Male
abkriegst –

allein, das will ich nicht riskieren!

Drum:
Hast du mal ein Tempo?

Vom Umtausch ausge-schlossen

Ich bin jetzt voll im Geschäft
mit der Welt:

Schneller als gedacht!

Per Mausklick
Landet jedes Gedicht
Auf dem Müllhaufen

Zerfällt
und geht zurück in die Papierfabrik

Dann lieber doch gleich das Original!

(Wenn es das überhaupt noch gibt.)

Die Erde bin ich

Aber gerade das,
so wird mir auf Anfrage unterbreitet,
Ist vom Umtausch ausgeschlossen!

Und ich fühle die Last,
das alles noch einmal
zu lesen, wo denn eigentlich genau
der Punkt ist und was genau
in dem Kleingedruckten steht ...

Seifenblase

Die Erde und ich beraten,
was zu tun ist:

Ob wir den Ozean ablassen –
den Stöpsel ziehen oder
ob ich doch noch
ein bisschen länger drin bleibe,
weil's so schön ist

Manchmal
zieh' ich einfach ohne zu fragen
den Stöpsel
und bedrohlich läuft das Wasser
nach und nach ab

Bis mein Körper
seine alte Schwerkraft wiedererlangt

Aber heute ist alles anders:
meistens dusche ich mich einfach
von oben bis unten ab

Bahnhofsmission

Befürchten, es sei
zu spät:

der Zug
möge nicht kommen

der Zug
sei schon abgefahren

kein Zug würde mehr kommen

(... würde mehr kommen)

ein Zug
würde noch kommen

hierher

zu
spät.

Bankenviertel Ffm

Schön
hebt sich das Gefieder
der Vögel
ab von der schwarzen Brühe.

Ein toter Fisch
glänzt in der Sonne.

Die Möwen faszinieren
mit ihrem Fluge.

Ein Spiegelbild
von einem Glasbau
im blauen Himmel.

Zauberstab

I.
Dies ist ein zu weites Feld
das hier beschrieben werden soll
so überlege ich und rate
nach einem sinnvollen Satz
dessen Worte in schönen Rhythmen
mir aus der Feder fließen –
viel Zeit bleibt mir nicht,
die Gedanken zu formulieren –
eh ich mich versehe,
ist das Feld schon überschritten!

II.
Mein Stift
ist mir mein Zauberstab:
wie ich's gern möcht'
so steht es da –
unglaublich!

Ihr Herz
(zum Beispiel)

zaubere ich mir
ganz nah,
wenn auch die Sehnsucht nach ihr
mich peinigt ...

"Ihr Haar,
ich fühl es im Gesicht
ihre Hand
in meiner ...
ihr Haar
ihre Hand
in meiner ..."

Die Erde bin ich

Den Zauber kann ich halten
solang' mein Stift
euch Worte kritzelt –

doch schnell,
ich muss ein Ende finden,
dass als Zauber
ihr noch geltet!

"Im Gesicht
ihre Hand
in meiner ...
ihre Hand in
meiner ..."

Abendstern

1.
Einen Tanz
in den nächtlichen Sternenhimmel
hinein wagen

Bis man nur noch
ein Glitzern
in den Augen wahrnimmt

Und nur erahnt
wohin die Reise gehen wird
wenn wir dereinst die letzte Reise
antreten werden

Was zurück bleibt
ist die Hoffnung
hier auf Erden

Die Erde bin ich

Dass Alles sich wirklich so verhält
wie wir es glauben,
weil sonst der Sternenhimmel selbst
uns keinen Trost
mehr geben würde:

2.
Der Himmel
ist das nächtliche Geschenk
auf Erden

So lange uns die Sterne trösten
und der weinende Mond
uns rührt und wir
die aufgehende Sonne spüren

glauben wir ...

Das ist auch der Grund, warum
Gott dort oben wohnt,
den wir lieben ...

3.
Mit Vollgas durchschneiden
und verpesten wir den Himmel
Mit jedem Tag aufs Neue

So dass wir nicht mehr sich sicher sein
können
Dass er auch dann noch bewohnt sein
wird
Wenn wir daselbst ankommen und
Klingeln
ohne einem Gepäckstück
in der Hand.

Der gespannte

Flügel am Himmel

Manchmal
ist das Glück
zum Greifen nah'

manchmal
winkt die Freiheit
doch immer kehren wir
den Blick zurück

so dass wir es nicht sehen können ...

wie rings um uns
die Welt aufblickt
und nur darauf wartet
dass wir es tun
und es ergreifen

und unsere Flügel aufspannen ...

so dass jeder
sein eignes Glück in uns
erblicken kann

Der König

I.
Der Adler
kennt nur
die Freiheit

er weiß nichts
von einem Strick
der ihn festhält

er kennt nur
den Blick
nach oben

so dass wir ihn festhalten
wie einen König ihn
in Ketten legen
ändert daran nichts

er kennt nur die Freiheit
gefangen ein Leben lang
erträumt er sie sich

II.
Der Adler gehört
dem Himmel

weit entfernt –
dem Blick entrückt

stürzt er sich hinunter ...

so dass, wenn er uns
aufeinmal ganz nahe kommt
man erschrickt
und doch verzückt ist
über so viel
Schönheit mit einem Schlage.

Der Apfel und sein

Mädchen

1.
Mach' die kleine Made
mir nicht malig
ich hab' sie doch so lieb
weil sie unersättlich ist
nach Liebe!

2.
Dieses Mädchen kam mir grade recht
als ich vom Baum fiel
weil ich bereits vom Sturz gezeichnet
war und faule Stellen hatte –
diese aber, so glaube ich,
gefielen ihm auf Anhieb.
Denn sie schmeckten süß und waren
saftig

Andere Äpfel dagegen waren
viel saurer als ich
Und fester
Und hingen noch fest am Baum –

Man konnte am Ende
Mit ihnen alles machen,
was man wollte: Wein, Saft – Apfelmus
-
Alles, was das Herz begehrte!

Mit mir dagegen
war nichts dergleichen anzufangen:
ich war viel zu faul
und lag den ganzen Tag
im grünen Gras

3.
So wusste ich bereits sehr früh,
Dass nichts Besonderes aus mir werden
würde
was meinen Wert als Apfel

Steigern würde
Hier auf Erden
Denn keiner hätte
auch nur einen Bissen
in mich
Hinein gewagt bei so viel Fäulnis

4.
Drum hab ich auch
Mein Mädchen gar so lieb
Das ganz gierig nach mir ist
Und frisst
Und nach und nach
Mich völlig aushöhlt

5.
Allein, genau das fand ich immer schön:

Den Anblick
Eines solchen Apfels
Der faul im grünen Gras
Liegt und träumt
Von einem Mädchen
Das ihm ganz allein gehört

6.
Ach, was war ich doch für ein schöner
Apfel
Als ich noch ganz jung war
Unberührt
Noch am Apfelbaum hängend
Die Sonne genießend

Und als ich dann vom Baum ins Gras fiel
wollten alle nur das eine:
Sich gleich mit mir ins Gras legen und
In den Himmel schauen
Und den Vögeln lauschen
Den ganzen Sommer lang

obwohl ich doch noch ganz grün war!

7.
Leider, das muss ich schon mal
zugeben,
fiel ich viel zu früh ins grüne Gras
und faulte –

ein bisschen mehr Zeit
wäre vielleicht doch ganz schön
gewesen dort oben
um mich umschauen zu können
in der Welt

8.
Doch glaub ich auch
Im Nachhinein:
Es musste so sein!

Denn wär ich wirklich
Hängengeblieben wie die anderen alle
Wäre wohl doch aus mir
Irgendein Apfelsaft oder
Apfelmus geworden

So aber darf ich nun
Liegen im Gras und faulenzen
Aus vollem Herzen

Und wer weiß – vielleicht
Ist das ja gerade
Das wirkliche Glück auf Erden?

Baumkrone

Mitten im Gedicht
Halt' ich mir die Krone fest –
Jetzt fällt's mir auf:
Ich bin ganz ohne Ast unterwegs!

Sind das die ersten Zeichen?

Beim Näherkommen und
den Berührungen der Tasten,
weiß ich woran
ich bin:

die Zeit
wird mit der Zeit
immer kostbarer

Man muss sie wohl
dosieren

Manchmal
Finde ich sie
In der Ecke
Eines Gedichts
kauernd wieder

sprachlos über das
was ich herausgefunden hab':
nämlich ein Teil zu sein
von Allem.

Malerei

Hohe Bäume sich wiegen im Wind
der Himmel als ein glasiger Raum
schafft Platz für die Sterne der Nacht
meine Schritte klingen verträumt
schlendernd ihren Weg nach Haus

Ein letzter tiefer Atemzug
ein letzter Blick hinauf
zu den schwindelnden Kronen!

So bricht die Dunkelheit herein
und jagt mich aus dem Wald
die Ruhe nicht zu stören

Frühlingstage

Es duftet die Wiese,
Wald und Flur,
es singen die Vögel
tröstend uns alle!

Es blutet so leise
Der frische Schnitt,
es fahren auf
Kräne und Karren:
Wir alle schließen die Augen

Und lauschen dem Klange
Sich verlierender Träume

Systemumstellung

Schadensleitkarten
Leiten
den Schaden ab:

Hastig
verschluckt der Baum sich

Später
wird ein Computer die Kartei
vollständig ersetzen

Rendezvous

Goldschnitte -

So schnell
blüht das Gesicht

blühen Hände
blühen Augen

Tief am Grund:

Ein duftender
Abend

Feigenblatt

Entdeckt:
die Nacktheit

Voller Scham
fiel sie mir
um den Hals

Und flüsterte
du bist zuhaus.

Vergebung

Wer glaubt,
der betet,
denkt

Wer glaubt,
der denkt,
betet

Wer denkt,
der betet,
glaubt

Wer betet,
der glaubt,
denkt

wer betet,
der denkt
glaubt.

Der Ritter

Warme Berührung –
Meine Seele lebt auf.
Trost all meiner Gedanken,
meine Liebe kommt
zur Ruhe.

Treu
Liebt sie die Eine –
Ich schweif mit der Sehnsucht –
Ich bin's, den sie liebt
Und nimmt für die Zukunft!

Abgesang

1.
Alles
Im Leben
Verpasst.

Alles,
was mir blieb
bin ich

2.
Die Zeit verträumt mich
Sie nimmt sich
Mein Leben

So nehme ich
Die Zeit mir
Und träume
Ein Leben lang
Von ihr

Laboratorium

Das Löwenblatt faulte ...

Da brüllte es laut
aus dem Wald

Unter Glas
war die Waldmaus
erstickt

Und als selbst der Stein
von all dem nichts wissen wollte

da sank auch die Erde sich nieder
und verbarg
ihr Antlitz

Der Menschen Welt

Wenn die Menschen gehen,
um nie mehr wiederzukehren,
dann wird die Welt so klein,
dass man sich wundert, wie groß sie
einst war und wunderbar
mit diesen Menschen –
auch wenn man oft
an ihr verzagte
und Fehler an ihr suchte und meist
auch fand,
so war die Welt doch durch sie
in Ordnung,
weil man wusste, dass man stets
nach Hause kommen durfte

Schlusskonzert

Die Schatten reichen weit hinab
in die Nacht,
das Licht strahlt in die Unendlichkeit,
wird gebrochen, wird gebeugt, gejagt
und zum Farbenspiel befreit,
damit es alles sein und alle
Dunkelheit der Welt, ihr Wesen
entfaltet, Gestalt annimmt und wir
auf allen Hügeln schauen können,
wie die Sonne auf –und wieder
untergeht …

So leicht ist dieses Lied verklungen,
dass man glatt vergisst,
zu applaudieren –
allein das macht gar nichts , das
machen schon die Vögel
jeden Morgen, jeden Abend –
selbst wenn es regnet.